BOEKANALYSE

Zijde

• • • • • • • • • • • • • • •

ALESSANDRO BARICCO

BOEKANALYSE

Geschreven door Catherine Bourguignon
Vertaald door Nikki Claes

Zijde

· ·

Alessandro Baricco

ALESSANDRO BARICCO

ITALIAANSE SCHRIJVER, COMPONIST, PRODUCENT EN REGISSEUR

- **Geboren in Turijn in 1958**
- **Opmerkelijke werken:**
  - *Lands of Glass* (1991), roman
  - *Novecento* (1994), roman
  - *Silk* (1996), roman

Alessandro Baricco is een Italiaanse schrijver, componist, producent en regisseur. Hij werd in 1958 in Turijn geboren. Zijn eerste roman, *Land van glas* (gepubliceerd in het Italiaans in 1991), ontving in 1995 de Franse *Prix Médicis étranger*. In 1994 publiceerde hij *Novecento*, een theatrale monoloog. Twee jaar later vestigde hij zich met *Silk* als een van de belangrijkste schrijvers van de nieuwe generatie. Momenteel levert hij bijdragen aan het Italiaanse dagblad *La Repubblica* en geeft hij les aan de Scuola Holden, een school voor vertel-technieken die hij samen met zijn vrienden heeft opgericht.

ZIJDE

EEN LIEFDESVERHAAL GEHULD IN MYSTERIE

- **Genre:** roman

- **Referentie-uitgave:** Baricco, A. (2006) *Zijde* Trans. Goldstein, A Edinburgh: Canongate.

- **Eerste uitgave:** 1996

- **Thema's:** zijderupsenteelt, reizen, Japan, mysterie, liefde, nostalgie

Zijde (*Seta* in het Italiaans) is de derde roman van Alessandro Baricco. Toen het in 1996 werd gepubliceerd werd het een bestseller in Italië, waar er tot op heden meer dan 300 000 exemplaren van zijn verkocht. Het is vertaald in 27 talen en verscheen voor het eerst in het Engels in 1997, met een tweede vertaling door Ann Goldstein gepubliceerd in 2006.

Het verhaal dompelt de lezer onder in het hart van de zijderupshandel in de 19th eeuw: na een epidemie die zijderupsen in heel Europa besmet, onderneemt Hervé Joncour vier reizen naar Japan om gezonde eieren te kopen en zijn dorp in staat te stellen de zijdehandel voort te zetten. Deze reizen leiden hem naar een vreemde romantische bestemming. Baricco geeft ons een werk dat een en al stilte, ingetogenheid en verfijning is, gekenmerkt door een zeer kenmerkende schrijfstijl. Het boek lijkt op het leven van zijn held: een "spektakel. Licht en onverklaarbaar" (p. 136).

SAMENVATTING

In 1861 is Hervé Joncour 32 jaar oud en woont hij met zijn vrouw Hélène in Lavilledieu, in de regio Midi in Frankrijk. Zijn beroep is ongewoon: hij koopt en verkoopt eieren van zijderupsen. Daartoe gaat hij elk jaar enkele maanden naar Egypte en Syrië en komt terug met de goederen; de rest van de tijd ontspant hij zich. Maar dat jaar breekt er over de hele wereld een epidemie van pébrine uit (een zijderupsenziekte veroorzaakt door een schimmel) en alle zijderupseieren zijn besmet. Baldabiou, de man die de zijderupskwekerij in Lavilledieu heeft opgezet en de eerste spinnerij heeft gebouwd, stelt een oplossing voor: naar Japan gaan. Dat eiland is al lange tijd gesloten voor buitenlanders, wat volgens hem garandeert dat de epidemie het eiland niet zal hebben bereikt. De zijderupsboeren besluiten daarom Hervé Joncour naar Japan te sturen. Hij vertrekt op 6 oktober.

Na een lange reis komt hij op het platteland aan en probeert zijderupseieren te kopen, maar hij krijgt visseneieren, wat hem meteen opvalt. Als hij weggaat, wordt hij door een van de bewoners betrapt en vertelt hem dat Hara Kei, een edelman van het dorp, hem wil zien. Vergezeld van een mysterieus jong meisje ontvangt Hara Kei Hervé Joncour en vraagt hem wie hij is. De Fransman vertelt hem vervolgens zijn levensverhaal, maar is toch enigszins verontrust door het jonge meisje, waarvan Hara Kei weigert de identiteit aan hem te onthullen: "wat hij zag, zonder pauze, was dat die ogen geen oosterse vorm hadden, en dat ze met een onthutsende intensiteit op hem gericht waren" (p. 30). Hij weet nog steeds niet dat zijn hele leven in het teken zal staan van de nostalgische herinnering aan dit onbekende meisje.

Als hij klaar is met zijn verhaal, vertelt Hara Kei hem dat hem visseneieren zijn verkocht, maar dat hij nu kan krijgen wat hij wil. Met de echte eieren reist Hervé Joncour terug en komt op de eerste dag van april aan in Lavilledieu. De eieren die hij heeft meegebracht zijn gezond, waardoor er dat jaar een zeer goede productie van zijde is.

Het jaar daarop, tijdens een andere reis naar Japan, is de zijderupsboer op een dag aan het baden, wanneer in plaats van de oude vrouwen die hem gewoonlijk wassen, een jong meisje binnenkomt. Ze blinddoekt hem en strijkt met haar hand over zijn lippen, voordat ze hem een briefje geeft waarop met zwarte inkt verschillende ideogrammen zijn getekend. Deze boodschap verontrust hem, vooral wanneer hij terugkeert naar Lavilledieu en de betekenis ervan verneemt dankzij Madame Blanche, een Japanse vrouw die in Nîmes woont: "Keer terug, of ik zal sterven" (p. 58).

Na zijn terugkeer in Frankrijk probeert hij zijn normale leven weer op te pakken, maar hij kan zichzelf er niet van weerhouden te denken aan het jonge meisje dat hij in Japan heeft ontmoet. Hervé Joncour neemt echter voor het eerst zijn vrouw Hélène mee op vakantie naar Nice en vertelt haar dat hij altijd van haar zal houden.

Ondanks een dreigende burgeroorlog in Japan vraagt Baldabiou aan Hervé Joncour om terug te gaan. Hervé Joncour vertrekt daarom begin oktober. Als hij bij Hara Kei aankomt, vindt hij het jonge meisje voor de volière. Ze begroet hem in het Frans, terwijl de edelman hem vertelt dat ze de taal niet verstaat. Op een avond, wanneer hij na een feest terugkeert naar zijn verblijf, komt Hervé Joncour haar tegen, vergezeld van een Oosterse vrouw. Zij legt zijn hand op die van de andere vrouw en loopt weg, waardoor zij een nacht vol passie beleven. De volgende dag is Hara Kei verdwenen en geen van zijn bedienden weet wanneer hij zal terugkeren. Hervé Joncour wacht nog twee dagen, verlaat dan het dorp en gaat terug naar Lavilledieu om zijn vrouw te zien. Daar aangekomen wordt hij ziek en zorgt ervoor dat hij niemand meer ziet. Van juli tot september vertrekken hij en zijn vrouw naar Nice.

Een jaar later is de oorlog in Japan uitgebroken. Verrassend genoeg gaat Hervé Joncour tegen de mening van Baldabiou in en staat hij erop er ondanks alles heen te gaan. Baldabiou vraagt Hervé Joncour naar zijn werkelijke reden om de reis te willen maken en Hervé Joncour vertelt hem alles. Hij is het jonge meisje niet vergeten. Het is een bijzonder soort lijden: hij verlangt naar iets wat hij niet heeft meegemaakt, want hij heeft haar stem nooit gehoord. Hélène, die begrijpt dat haar man degene is die absoluut terug wil naar Japan, laat hem beloven terug te komen.

Wanneer Hervé Joncour in het dorp van Hara Kei aankomt, treft hij een verwoest oord aan. De enige persoon die hij ontmoet is een jongen die hem, na enkele dagen zonder woorden, naar de dorpelingen leidt, die in een lange stoet op de vlucht zijn. Maar Hara Kei is niet blij Hervé Joncour te zien en beveelt hem te vertrekken. De Fransman ziet het jonge meisje niet, maar vermoedt dat ze in een draagstoel zit, versierd met kooien met vogels. In de ochtend vindt hij zijn gids dood. Hara Kei bedreigt hem met een pistool en legt hem uit dat de jongen is vermoord omdat hij een boodschap van liefde bij zich droeg, of liever gezegd zelf was, wat in Japan een van de twaalf misdrijven is waarvoor een man ter dood kan worden veroordeeld. Hij beveelt Hervé Joncour om nooit meer terug te komen.

Hervé Joncour slaagt erin eieren te kopen, maar die sterven voordat hij Lavilledieu bereikt. Om het dorp werk te geven, ondanks het gebrek aan eieren en dus aan zijde, neemt hij alle mannen voor vier maanden aan om het park rond zijn huis te bewerken.

Zes maanden later ontvangt hij een brief in het Japans die hij snel door Madame Blanche laat vertalen. Hij is er blijkbaar van overtuigd dat de brief afkomstig is van het meisje dat hij in Japan heeft ontmoet. In werkelijkheid is de brief echter afkomstig van zijn vrouw, die door Madame Blanche is geholpen de brief in het Japans te vertalen. Het is een liefdes- en afscheidsbrief. Hierna leeft Hervé Joncour verder in vrede met zijn vrouw. Ze maken nu elk jaar een kleine reis. In maart 1874 sterft Hélène. Als hij haar graf bezoekt, vindt Hervé Joncour een ring met blauwe bloemen erop die lijkt op de ring die Madame Blanche droeg. Hij gaat haar opzoeken en begrijpt dan dat het Hélène was die hem de brief schreef.

Hervé Joncour leeft nog 23 jaar zonder ooit Lavilledieu te verlaten en wijdt al zijn tijd aan het onderhoud van zijn park.

KARAKTERSTUDIE

HERVÉ JONCOUR

Hij is 32 jaar oud aan het begin van het verhaal. Hij is de hoofdpersoon van de roman. Hij woont in Lavilledieu, in de Midi regio van Frankrijk, met zijn vrouw Hélène. Ze hebben geen kinderen. Ze zijn gelukkig noch ongelukkig. Hij wordt voorgesteld als een kalme, onverschillige en passieve man: "Hij was bovendien een van die mannen die graag *getuige* zijn *van* hun eigen leven en elke ambitie om het te *leven* ongepast vinden" (p. 7). Hij laat zich leiden door Baldabiou, die hem zijn levenskeuzes voorschrijft: zijn beroep en zijn vertrek naar Japan. Slechts bij één gelegenheid laat hij zich echt gelden: hij staat erop naar Japan te gaan nadat de oorlog is uitgebroken.

In Japan ontmoet Hervé Joncour een mysterieus jong meisje. Onthutst door haar ogen wordt hij verliefd op haar terwijl hij bijna niets van haar weet. Wanneer hij terugkeert van zijn reis, probeert hij verstandig terug te keren naar zijn normale leven, maar hij kan het jonge meisje en haar mysteries niet uit zijn gedachten krijgen. Het is een liefde die lijden in hem opwekt: hij voelt heimwee naar iets wat hij in werkelijkheid niet helemaal heeft gekend.

HÉLÈNE

Hélène is de vrouw van Hervé Joncour. "Ze was een lange vrouw, ze bewoog zich langzaam, ze had lang zwart haar dat ze nooit op haar hoofd had. Ze had een prachtige stem" (p. 23).

Grote zachtheid en diepe nederigheid komen uit dit weinig bescheiden personage naar voren: telkens als haar man terugkeert, verwelkomt zij hem met uiterste tederheid en dwingt zij zichzelf niet te huilen ondanks haar zorgen. De brief die zij aan Hervé Joncour stuurt is een geweldig bewijs van haar liefde. Uiteindelijk is zij degene die in zekere zin de sleutel van het verhaal in handen heeft.

Ze is ook erg gehecht aan Baldabiou: normaal zo gereserveerd, huilt ze als hij het dorp verlaat.

BALDABIOU

Baldabiou wordt in zekere zin voorgesteld als de wijze man van het dorp: hij weet alles ("Baldabiou kende al deze verhalen", p. 21). Dankzij hem is Lavilledieu een belangrijk centrum voor de zijdeproductie geworden. Hij speelt ook een belangrijke rol in het leven van Hervé Joncour: hij moedigt hem aan om in de handel te gaan, terwijl zijn vader wil dat hij zich wijdt aan een grote militaire carrière (wanneer de vader van Hervé Joncour zegt: "Mijn zoon Hervé, die over twee dagen terugkeert naar Parijs, waar hem een schitterende carrière wacht in ons leger, als God en St Agnes het willen", antwoordt Baldabiou: "Precies. Alleen, God is elders bezig en St Agnes verafschuwt soldaten", p. 14). Hij is ook degene die Hervé

Joncour naar Japan stuurt. Bovendien lijkt Hervé Joncour altijd zijn raad op te volgen: "hij liet deze man methodisch zijn lot herschrijven" (p. 17). Er is slechts één uitzondering: wanneer in Japan de oorlog uitbreekt en Baldabiou Hervé Joncour wil beletten erheen te gaan, verzet deze zich tegen hem en vertrekt ondanks de risico's waaraan hij zich blootstelt.

Baldabiou is een origineel personage met een sterke persoonlijkheid. Als liefhebber van het biljart brengt hij zijn tijd door met alleen biljarten, tegen zichzelf, in de achterkamer van een café. Hij doet alsof er twee spelers zijn, een goede ("de normale man") en een slechte ("de eenarmige speler"). Hij zegt dat de dag dat de "eenarmige speler" de wedstrijd wint, hij de stad zal verlaten (p. 53). Dit zal zijn vertrek bepalen, na jarenlang in Lavilledieu te hebben gewoond: wanneer, "op 16 juni 1871, achter in het café van Verdun, vóór het middaguur, de eenarmige speler een irrationeel schot met vier kussens maakt" (p. 137), verlaat Baldabiou de stad.

HET JONGE MEISJE

Het jonge meisje dat Hervé Joncour in Japan ontmoet is in mysterie gehuld. Zodra hij haar ziet, merkt hij op dat "die ogen geen oosterse vorm hebben" (p. 30). Wanneer hij echter over haar praat met een Engelsman die hij ontmoet, vertelt deze hem dat er in Japan geen blanke vrouwen zijn (p. 44). Evenzo spreekt het jonge meisje tegen hem in het Frans, terwijl Hara Kei een minuut later verklaart dat ze de taal niet kent.

Men kan veronderstellen dat zij Hara Kei's vrouw of dochter is, maar er wordt niets expliciet gezegd. In ieder geval beschermt hij haar en lijkt hij haar niet te willen delen: het is vanwege de uitwisseling van de liefdesboodschap dat Hara Kei Hervé Joncour beveelt niet terug te komen.

HARA KEI

Hara Kei is een machtig man. Hij lijkt een grote aanwezigheid te hebben en controleert alle aankomsten van vreemdelingen in zijn dorp: de eerste keer dat Hervé Joncour naar de streek komt om eieren te kopen, krijgt hij aanvankelijk alleen valse eieren; pas nadat hij Hara Kei heeft ontmoet, kan hij de echte goederen krijgen. Over hem wordt gezegd: "Als door een speciale regel, waar die man ook heen ging, ging hij in een onvoorwaardelijke en volmaakte eenzaamheid" (p. 46).

ANALYSE

DE ACHTERUITGANG VAN DE ZIJDERUPSENTEELT IN FRANKRIJK

Baricco plaatst zijn verhaal in de context van de zijderupshandel in 1861. In die tijd was Lavilledieu een belangrijk centrum voor de zijderupsenteelt (de rupsen van de *Bombyx mori*-vlinder, waarvan de cocons de zijde leveren). Dit ambacht was tot 1860 sterk vertegenwoordigd in Frankrijk. Daarna, als gevolg van epidemieën die de zijderupspopulatie decimeerden, werd de productie van cocons bijna uitsluitend beperkt tot Azië.

Aangezien de auteur verwijst naar een reële economische en historische context, kan *Zijde* in zekere zin worden beschouwd als een historische roman. Het belangrijkste kenmerk van dit genre is dat het echte gebeurtenissen als achtergrond neemt en deze combineert met fictieve gebeurtenissen en personages. De hoofdpersonen komen hier rechtstreeks uit de fantasie van de schrijver.

DE KUNST VAN HET KOPIËREN EN PLAKKEN

De tekst van Alessandro Baricco is bezaaid met identieke passages die het verhaal ritme geven:

- De historische context wordt bijvoorbeeld twee keer op precies dezelfde manier beschreven, bijna tot op het woord: "Het was 1861. Flaubert schreef/beëindigde Salammbô, elektrisch licht was nog een hypothese en Abraham Lincoln vocht aan de andere kant van de oceaan een oorlog waarvan hij het einde niet zou zien" (blz. 1 en 23).

- Evenzo wordt elke reis naar Japan op dezelfde manier verteld, bijna woord voor woord (hoofdstukken 12, 19, 31 en 34).

- Ook de eerste drie terugreizen uit Japan worden vrijwel identiek verteld (hoofdstukken 17, 24 en 38).

- Tenslotte wordt telkens dezelfde zin gebruikt wanneer Hervé Joncour het jonge meisje ziet: "Haar ogen hadden geen oosterse vorm en haar gezicht was het gezicht van een meisje" (blz. 30, 40 en 69).

Deze passages bieden referentiepunten voor de lezer en stellen de auteur in staat de reizen snel over te slaan om zich te concentreren op enkele dagen, een bepaald moment of zelfs een blik die wordt uitgewisseld.

SCHRIJVEN WAARBIJ DE VORM GEKOPPELD IS AAN DE INHOUD

Met zijn eenvoudige, lichte en poëtische schrift lijkt *Silk* de delicate verfijning van de Japanse kalligrafie te imiteren: "Baldabiou zei dat ze soms uit Parijs kwamen om de liefde te bedrijven met Madame Blanche. Terug in de hoofdstad toonden ze op de revers van hun avondjasje blauwe bloemetjes, die zij altijd aan haar vingers droeg, alsof het ringen waren" (p. 59). Deze kalligrafie zelf staat centraal in de roman omdat het de gecodeerde taal is van de liefdesboodschap van het jonge meisje en de lange liefdesbrief die Hélène schrijft.

De zachtheid van deze korte vertelling kan ook worden vergeleken met de zachtheid van zijde, een materiaal dat eveneens centraal staat in het werk, en meer bepaald in de eerste zoektocht van Hervé Joncour. Zo zijn vorm en inhoud dankzij de schrijfstijl in perfecte harmonie.

"EEN SPEKTAKEL. LICHT EN ONVERKLAARBAAR"

De uitdrukking waarmee Baricco beschrijft hoe Hervé Joncour zijn eigen leven waarneemt (zie de laatste woorden van de roman, p. 148: "het onverklaarbare schouwspel, het licht, dat zijn leven was geweest") kan ook op de roman als geheel worden toegepast. Net als poëzie (sommige zeer korte hoofdstukken lijken ook op gedichten, zoals de hoofdstukken 29 en 48), raakt de vertelling gevoelens of gebeurtenissen slechts met de vingertoppen aan, zonder ze echt te zeggen of een verklaring te geven. Zo is de obsessieve liefde van Hervé Joncour voor het jonge meisje ongrijpbaar en verschijnt de liefde van Hélène voor haar man, behalve in de brief, meer in een diffuse zachtheid dan in concrete woorden of daden. Zo laat de auteur veel ruimte voor de verbeelding van de lezer.

VERDERE REFLECTIE

ENKELE VRAGEN OM OVER NA TE DENKEN...

- Hoe zou u de boodschap van dit boek in één zin samenvatten?

- Beschrijf de psychologische evolutie van Hervé Joncour.

- Als u van deze roman een film zou maken, wat voor muziek zou u dan gebruiken voor de soundtrack?

- Men kan zeggen dat de roman, zoals het leven van zijn held, "Een spektakel is. Licht en onverklaarbaar". Leg uit waarom.

- Kan Hervé Joncour beschouwd worden als ontrouw aan zijn vrouw Hélène? Rechtvaardig je standpunt.

- Het jonge meisje dat Hervé Joncour in Japan ontmoet is enigszins mysterieus. Wat weet de hoofdpersoon eigenlijk over haar? Beschrijf hun relatie.

- Denk je dat Hervé Joncour echt verliefd werd? Op wie of wat?

- Hoe zou de vriendschap tussen de held en Baldabiou gekarakteriseerd kunnen worden?

- Baricco's tekst bevat verschillende passages die bijna woord voor woord identiek zijn. Waarom denk je dat de auteur dit gedaan heeft?

- Wat zijn de belangrijkste thema's die in deze roman worden ontwikkeld?

VERDER LEZEN

REFERENTIE-UITGAVE

Baricco, A. (2006) *Zijde*. Trans. Goldstein, A. Edinburgh: Canongate.

AANPASSINGEN

Silk (2009) [Film]. François Girard. Dir. Canada/Verenigd Koninkrijk/Japan: New Line Cinema.

*We horen graag van jou! Laat
een reactie achter op jouw online bibliotheek
en deel je favoriete boeken op social media!*

De uitgever garandeert de betrouwbaarheid van de gepubliceerde informatie, die echter niet onder zijn verantwoordelijkheid valt.

www.50minutes.com

Master ISBN: 9782808689267
Papier ISBN: 9782808610667
Wettelijk depot: D/2023/12603/1346

Omslag: © Primento

Digitaal ontwerp: Primento, de digitale partner van uitgevers.